日本人ってだれのこと?
外国人ってだれのこと?

国籍の❓(ハテナ)がわかる本

木下理仁

太郎次郎社
エディタス

ある転校生の話

　ある朝、担任の先生がひとりの男の子を連れて教室に入ってきた。ここは、地方のある小学校。
　「はい、みんな静かにー！　今日から転校してきた、けいすけくんです。けいすけくん、自己紹介お願いします」
　「東京の高田馬場に住んでいました、ふじいけいすけです。お母さんの仕事の関係で、ここに引っ越してきました。テレビゲームとキャッチボールが好きです。よろしくお願いします」
　すると、ひとりの男の子が手を挙げてたずねた。けんたくんだ。
　「なんで、日本語話せるんですか」
　「日本人だからです」
　その答えを聞いて、クラスのみんなは「ええーっ！」と大きな声を上げておどろく。

　これは、「Born With It（生まれつき）」【＊】という映画のワンシーンだ。けいすけくんのお父さんは、アフリカのガーナ人。けいすけくんもお父さんに似て肌の色が濃く、髪の毛がちぢれている。クラスのみんながおどろいたのは、彼の外見が「日本人」には見えなかったからだ。

　いま、日本には、約350万人の外国人が住んでいる。国際結婚をする人も多く、生まれてくる子どもの30人に1人が、「ハーフ」や、外国人の両親をもつ子だという。テレビでもおおぜいの「ハーフタレント」が活躍している。

　そんな時代の「日本人」って、なんだろう？

　そして、「国籍」ってなんだろう？

　きみといっしょに考えてみたいと思う。

【＊】映画「Born With It（生まれつき）」……アフリカ系日本人の小学生けいすけが、周りの日本人との見た目の違いを少しずつ受け入れていく様子を描いた短編映画（2015年制作）。監督はアメリカ・テキサス州在住のエマニュエル・オセイ＝クフォー Jr. さん。日本に6年間住んだことがあり、そのときの体験をもとに、この映画をつくった。

はじめに　3

はじめに　ある転校生の話 …………………………………… 2

第1章 きみはナニ人？

01 あなたは、ナニ人ですか？ …………………………………… 8
02 見た目で判断？　生まれで判断？ …………………………… 11
03 ナニ人かは「国」で決まるの？ ……………………………… 14
04 いろんな国のひとに聞いた、「○○人」の条件 …………… 18

第2章 国籍は、どう決まる？

05 生まれたときの国籍 ── 血統主義と出生地主義 ………… 24
06 国籍は1つとはかぎらない …………………………………… 26
07 国籍を選ぶスポーツ選手 ……………………………………… 29
08 日本人が外国籍を取るには …………………………………… 33
09 外国人が日本籍を取るには …………………………………… 35
10 日本で外国人と結婚したら？ ………………………………… 38
11 国際結婚で生まれた子どもの国籍は？ ……………………… 41
12 国のつごうで国籍が変わる？ ………………………………… 43
　　● 朝鮮人って、北朝鮮の人？ ……………………………… 46
13 国籍のない人たち ……………………………………………… 49
　　● 世界の国境あれこれ ……………………………………… 52
14 「日本国民」と「日本人」 …………………………………… 54

第3章 外国人と日本人と、きみとぼく

15 コスタリカから来たEくん …………………………… 60
16 見た目は違うけど、国籍は日本 …………………… 63
17 中華街で育ったYさん ………………………………… 66
18 外国人の選挙権 ………………………………………… 69
　　● 海外ではどうなっている？──参政権 ………… 72
19 見た目は同じだけど、国籍が違う ………………… 74
20 ベトナムからきたTさん ……………………………… 77
21 難民になるということ ………………………………… 81
　　● 日本の難民認定──ほかの国と比べてみると … 84
22 日本に暮らす外国人が「ワク」を感じるとき ……… 86

おわりに　きみはナニ人として生きていくか ………… 89

国籍のハテナ ○×クイズ ………………………………… 92
もっと知りたい、考えたい人に …………………………… 94

第 1 章

きみはナニ人？

「〇〇人」って、どうやって決まるんだろう？
考えてみると、けっこうむずかしい。
「〇〇国に住んでいるのが〇〇人」とは、
簡単にはいえないみたいだ。

01 あなたは、ナニ人ですか？

日本人かい？
ところで、その理由を
考えたことがあるかな。

「あなたは、ナニ人ですか？」
そう聞かれたら、きみは、なんて答える？

日本人？　そうじゃない人もいるよね。韓国人とか、中国人とか、フィリピン人とか。
でも、この本を手にする人は、「日本人」と答えることが多いかな。
じゃあ、仮にきみが「日本人」と答えたとして、話を進めてみよう。

きみが「日本人」と答えたら（「日本人」以外の「〇〇人」だったとしても）、ぼくは、2つめの質問をする。

——なぜ？

なぜって……。「日本人」だということに理由なんてある？
きみはそう思うかもしれない。でも、ぼくが聞きたいのは、な

ぜきみは、自分が「日本人」だと言いきれるのかってこと。その根拠だ。
　きみは少し考えてから、たとえば、こんなふうに言うかもしれない。

　「日本で生まれたし、日本語しゃべってるし」
―― でも、日本で生まれて、ずっと日本で暮らしてる外国人もいるよ。日本で暮らす外国人の両親から生まれた子とか。日本語がペラペラの外国人もいるよ。
　「お父さんとお母さんが日本人だから」
―― きみの両親が日本人だという、ぜったい確かな根拠はあるかい？

　「うーん。じゃあ、日本の食べものが好きだし、ごはんを食べるときは、ナイフやフォークじゃなくて箸を使うし」
―― きみが好きな食べものって、なに？
　「ラーメンとか……」
―― それ、日本食？
　「うーん。じゃあ、お寿司」
―― でも、お寿司が好きな外国人はおおぜいいるし、中国や韓国、タイ、ベトナム、ラオス、カンボジアなど、箸を使って食事をする国はたくさんあるよ。

　あるいは、こんな答えが出てくるかもしれない。
　「サッカーのワールドカップのときは日本代表を応援するし、オリンピックでも日本の選手を応援する」

第1章　きみはナニ人？　　9

──日本のチームや選手を応援するのが、日本人の証ってこと？　じゃあ、ほかの国の選手を応援したら、日本人じゃなくなるの？
「いや、そういうわけじゃないけど……」

「お祭りとか好きだし、自分のからだのなかに、そういう日本の文化があるっていうか、なじんでる気がするから」
──日本の文化がなじんでるのが日本人？　ということは、子どものころから外国に住んで、その国の文化のほうがしっくりくるという人は、両親が日本人でも外国人になっちゃうの？
「……？」

こうやって考えると、どれも「日本人」であることの決定的な理由にはならないような気がしてくる。

いや、「国籍が日本だから」「自分のパスポートがあって、そこに〈国籍：JAPAN〉って書いてある」と言う人もいるかもしれない。

なるほど、そうか。「国籍」こそが、自分が「日本人」であることを証明する決定的なものなのか。

ところがどっこい、かならずしも、そうとは言いきれないんだ。どうしてかって？　この本では、そこのところを、じっくりていねいに、いろんな角度から考えていきたいと思う。
けっこう奥が深くて、きっとおもしろいと思うよ。

見た目で判断？
生まれで判断？

ニュースを注意深くみてみると……
そこには意外なことばの
使い分けがあった。

　2017年9月、陸上選手の桐生祥秀くんが、100m走で9秒98！の記録を出した。

　テレビのニュース番組や新聞は、こぞってそれをトップニュースとして伝えたけれど、そのとき、彼の快挙を「日本人初の9秒台」と報じるメディアと「日本選手初の9秒台」としたメディアがあった【＊1】。

　なぜ、2つの言い方があったんだろう。そして、「日本人」でなく「日本選手」とした理由は、なんだろう？
　きみは、なにか理由を思いつく？

　もしかしたら……とぼくが思ったのは、こんな理由だ。
　桐生くんのライバルのケンブリッジくんやサニブラウンくんが、先に10秒の壁を破ったら、それを「日本人初の」と言いづらいと考えた。そこで、先まわりして、桐生くんが1番乗りで記録をだした場合でも、「日本選手初の」と言うことに決めていたんじゃないか ──。

第1章　きみはナニ人？

ケンブリッジ飛鳥アントニオくんは、お父さんがジャマイカ人で、お母さんが日本人。サニブラウン・アブデル・ハキームくんは、お父さんがガーナ人で、お母さんが日本人。
　二人とも、いわゆる「ハーフ」（ダブル）だ【＊2】。
　彼らが新記録をだしたときに「日本人初の……」と言うと、顔立ちや肌の色を見て、「日本人じゃない」と異議をとなえる人がいるかもしれない。あるいは、なんとなく違和感をおぼえる人がいるかもしれない。だとしたら、だれが1番だったとしても、「日本人」ではなく「日本選手初の」と言ったほうが問題が起きないだろう――そんな計算が働いていたんじゃないだろうか。
　考えすぎかなぁ？　きみはどう思う？

　似たようなことは、大相撲の世界にもある。
　最近は、横綱や大関のほとんどが外国人。とくにモンゴル出身の力士が多いのは、きみも知っていると思う。そんななか、2012年5月、旭天鵬が優勝したときは、2006年1月の栃東以来の「日本人力士」の優勝だと言われた。
　旭天鵬はモンゴル出身だけれど、日本の国籍をもつ「日本人」だからだ。
　ところが、2016年1月に琴奨菊が優勝すると、こんどは、栃東以来10年ぶりの「日本出身力士」の優勝だと、おおいに盛り上がった。
　「日本人力士」と「日本出身力士」。どう違うんだろう？
　このことばの使い分けの裏には、日本で生まれた日本出身の力士こそが「ホンモノの日本人」で、外国にルーツのある人は、

日本の国籍を取って「日本人」になっても、「ホンモノの日本人」ではない、という意識がありはしないだろうか。

　日本の国籍をもっているだけでは、ホンモノの「日本人」ではない？？？　これ、どう思う？

　どうやら、国籍が日本でも、親の出身国や肌の色の違う人を「日本人」と呼ぶことに、違和感をおぼえる人がいるようだ。しかし、そういう人に配慮して、微妙にことばを使い分けるようなやり方は、結局、議論をさけて通っているだけで、かならずしもよいやり方ではないかもしれない。

　じゃあ、どうすればいいんだろう？

　きみは、どう考える？

【＊1】　毎日新聞・読売新聞などは「日本人初の」「日本人選手初の」と伝え、NHKと朝日新聞は「日本選手初の」と伝えた。

【＊2】　母と父の出身国が違う、いわゆる「混血」の人のことを「ハーフ」と呼ぶけれど、「ダブル」や「ミックス・ルーツ」と呼んだほうがいいという人もいる。ハーフだと、なんだか半人前みたいでイヤだし、父母の２つの文化を受けついでいるんだから、ダブルなどのほうがふさわしいという理由だ。この本ではいちおう「ハーフ」と言うけれど、その言い方に違和感をもつ人もいることを知っておいてほしい。

第1章　きみはナニ人？　　13

03 ナニ人かは「国」で決まるの?

「自分は○○人だ」という意識は
どこからくるのだろう。
それは、国境線では区切れないようだ。

　きみは、「アイデンティティ」ということばを知っているだろうか。"わたしはこういう人間だ"という、自分自身の意識のことだ。「自己同一性(じこどういつせい)」などと訳されることもある。

　たとえば、きみが「○○中学校の生徒だ」とか、「ダンス部のキャプテンだ」という意識をもっていたら、それは、きみのアイデンティティだといえる。

　ひとりの人がもつアイデンティティは、1つとはかぎらない。多くの人は、複数のアイデンティティをもっている。そして、そんななかに「自分は日本人だ」という意識があれば、その人は「日本人としてのアイデンティティ」をもっているということになる。「自分は○○人(○○民族)だ」という意識のことを「民族的アイデンティティ」と呼ぶ。

　日本に住んでいる人のなかには、「日本人」以外の民族的アイデンティティをもつ人もいる。

　たとえば、アイヌの人たち。北海道や千島列島(ちしまれっとう)に、ずうっとむかしから住んでいた先住民族だ。

アイヌ民族が住んでいた地域は、ある時代から江戸幕府や日本政府が支配するようになったけれど、だからといって、アイヌの人びとがいなくなったわけではない。アイヌの伝統や言語を受けつぐ人たちがいる。「自分はアイヌだ」という意識を強くもっている人たちは、国籍は日本でも、民族的アイデンティティはアイヌだということになる。
　沖縄にもそういう人たちがいる。
　沖縄はむかし、琉球王国という日本とは別の国だった。いまは琉球という国はなくなり、沖縄は日本の一部になっているけれど、気持ちのうえでは、自分は本土の日本人とは違う、「ウチナーンチュ」（沖縄人）だという意識をもっている人もいる。
　沖縄のことば（琉球語）は、日本語の方言のひとつではなく、別の言語だという説もある。たとえば、「ありがとう」を沖縄（那覇）のことばでいうと、「にふぇーでーびる」。宮古島では「たんでぃがーたんでぃ」、石垣島では「にーふぁいゆー」。たしかに、これほど違うと、日本語とは別のことばじゃないかという気がするね。

　世界に目を向けてみると、アメリカ合衆国に住むネイティブ・アメリカンの人たちは、アメリカ合衆国という国ができるまえからそこに住んでいたし、オーストラリアのアボリジニや、ニュージーランドのマオリなどもそうだ。「国」というものができるまえから住んでいた先住民族は、世界各地に存在する。
　むかし、ユーラシア大陸の大半を支配した「モンゴル人」は、現在、モンゴル国、中国の内モンゴル自治区、ロシアなどに分かれて住んでいる。「クルド人」は、はじめから「国」をもた

ず、イラクやトルコに住んでいる。朝鮮半島のコリアンは、南北2つの国（大韓民国と朝鮮民主主義人民共和国）に分かれて住んでいる。

　アフリカ大陸の地図を見ると、定規を当てて引いたような長い直線の国境線が多く、どこにどんな民族が住んでいるかとは関係なく、機械的に国境線が引かれたことが一目瞭然だ。
　かつてこの地域を植民地としていた英国、フランス、ポルトガルなどヨーロッパの国ぐにが、「北緯Ｘ度・東経Ｙ度で分けよう」なんてやり方で、国境線を決めたからだ。
　地球の上に人間が引いた1本の線を境に、こっち側に住んでいる人は〇〇人、向こう側の人は△△人。〇〇人と△△人は異なる文化をもつ別べつの民族だなんて、そんなに単純に分けられるわけがないよね。

　つまり、民族的アイデンティティと国籍は、イコールではないんだ。民族と国は、1対1で対応しているわけじゃない。1つの国に複数の民族が暮らしていることもあるし、1つの民族が、2つ以上の国にまたがって住んでいる場合もある。
　世界には約200の国があるけれど、民族の数は3000以上ともいわれている。

また、国や民族よりも、宗教がとても重要だと考えている人もいる。たとえば、「ユダヤ人」【＊】や「イスラム教徒」のなかには、宗教をなにより大事なアイデンティティとしている人がいる。もちろん、仏教や、そのほかの宗教を信じる人たちのなかにもいる。

　そういう人たちの場合は、民族的アイデンティティよりも、宗教的アイデンティティのほうが強いんだ。宗教は国境をこえるから、国籍とはあまり関係がなくなってくる。地図で見ると、よくわかるよね。

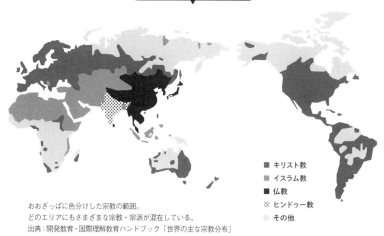

世界のおもな宗教分布

■ キリスト教
■ イスラム教
■ 仏教
❊ ヒンドゥー教
　 その他

おおざっぱに色分けした宗教の範囲。
どのエリアにもさまざまな宗教・宗派が混在している。
出典：開発教育・国際理解教育ハンドブック「世界の主な宗教分布」

【＊】　ユダヤ人とは、ユダヤ教の信者やその子孫をいう。『アンネの日記』で知られるように、ナチスドイツにより迫害を受けた歴史がある。1948年、ユダヤ人の国としてイスラエルが建国されたが、以前からそこに住んでいたパレスチナ人とのあいだで、長年にわたって対立と紛争が続いている。

04 いろんな国の ひとに聞いた、 「〇〇人」の条件

生まれた国？ ことば？ それとも伝統？
答えは国によってさまざまだ。

　なにをもとに「〇〇人」と考えるか。その感覚は、国によっても違いがあるようだ。

　いろんな国の人に、「その国の人間だというとき、もっとも重視するものは何か」を聞いた調査がある（2016年）。項目は「ことば」「伝統・習慣」「生まれた国」「宗教」の4つ。

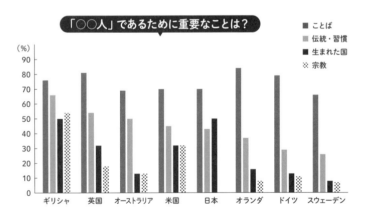

4つの項目について、「非常に重要」「やや重要」「あまり重要でない」「まったく重要でない」から、「非常に重要」を選んだ人の割合。
出典：社会実情データ図録。14か国の結果から8か国を抜粋。原資料はPew Research Centerによる調査。

日本では、50％の人が「どこで生まれたか（生まれた国）」がとても重要だと答えた。でも、オーストラリア、オランダ、ドイツでは、20％以下。スウェーデンでは、生まれた国にこだわる人は8％しかいない。

　一方、「伝統や習慣」が大事だと答えた人は、日本では43％だけれど、ギリシャでは60％以上。ギリシャでは、「宗教」が大事だという人も50％をこえている【*1】。同じ宗教を信じて、むかしからのしきたりを大事にしている人がギリシャ人——そう考える人が多いようだ。日本の場合、「宗教」の回答データがないけれど、「〇〇教徒でなければ日本人とはいえない」と考える人は、たぶん少ないだろう。
　スウェーデンの場合は、「伝統・習慣」や「宗教」へのこだわりも、ほかの国に比べて少ない。わりとあっさりしているのかもしれない。でも、「ことば」に関してだけは、66％の人が「ひじょうに重要」と答えている。

　「ことば」をいちばん重視するのは、調査の対象になったすべての国に共通していて、ここにあげたすべての国で65％以上。英国とオランダでは80％をこえている。
　生まれた場所や宗教、ライフスタイルが違うことはあまり気にしない人も、ことばが通じないと、自分と同じ〇〇人とは認めにくいという気持ちが強いのかもしれないね。

　また、本人が自分をナニ人だと思っているかが重要だという人もいる。

きみは、ハワイやブラジルに多く住んでいる「日系人(にっけいじん)」のことを知っているだろうか。

　「日系人」は、もともとは、日本から海外に移住した人の子孫を指すことばだけれど、3世、4世、5世……と世代が移るにつれて、現地の人と結婚していろいろな「血」が混ざり、人によって、アイデンティティもさまざまになってきている。

　南北アメリカ大陸の日系人協会【*2】では、「先祖にひとり以上日本人がいて、自分は『日系』であるというアイデンティティをもつ人」が、「Nikkei(ニッケイ)」だと定義している。

　また、日本人の家庭で養子として育てられた中国出身の女性が、ある日系人女性のコンテストで優勝したこともあるそうだ。その女性に日本人の「血」はまったく入っていないけれど、幼いころから日本語を話し、自分は日本人だという意識をもっていることで、「日系人」と認められたんだ。

　つまり、先祖が日本人であるということ以上に、その人自身の意識や、日系人の文化や価値観を共有しているかどうかのほうが、重視されるようになってきているといえる。

　ブラジルに住む日系人に「あなたはナニ人ですか？」と聞くと、「日本人」と答える人もいれば、「ブラジル人」と答える人もいる。

　また、ある人は、だれに聞かれたかによって、答え方が変わることがあるという。相手が日本人なら「日本人」、日系人なら「日系人」と答え、相手が（日系ではない）ブラジル人なら「ブラジル人」と答えることもあるそうだ。

　民族的アイデンティティって、ひとりの人間のなかでも、そのときどきで、ゆれ動くものなのかもしれない。あるいは、相手との関係によっても、微妙に変わるものなのかもしれない。
　きみは、どうかな？　その国の人だというときに、いちばん大事だと思うものは、なに？　そして「わたしは〇〇人です」と言うときに、なにをいちばん大きな理由として考えているだろうか。

【*1】　ギリシャでは、98％の国民がギリシャ正教会に属しているというデータがある。ギリシャ正教会は、1833年に独立したキリスト教の教会組織。
【*2】　南北アメリカ大陸の日系人協会の英語名は、Pan American Nikkei Association.

第1章　きみはナニ人？　　21

第 2 章

国籍は、どう決まる?

「〇〇人」と「国籍」って、
どういう関係にあるんだろう?
そもそも、国籍ってなに?
国籍が決まるとか、国籍を取るとか
変えるとかって、どういうこと?

05 生まれたときの国籍
──血統主義と出生地主義

ざっくりいうと、決め方は二通り。
日本と違うルールの国もある。

　日本では、お母さんかお父さん、少なくともどちらかの国籍が日本なら、生まれた赤ちゃんの国籍も「日本」になる。「国籍法」という法律で、そう決まっているんだ。

　でも、アメリカ合衆国では、親の国籍とは関係なく、国内で生まれた赤ちゃんには、みな、アメリカの国籍が与えられる。

　日本のような国籍の決め方を「血統主義」、アメリカのやり方を「出生地主義（生地主義）」と呼ぶ。

　どちらかが特殊というわけではなく、世界には血統主義の国もあれば、出生地主義の国もあって、両方を組み合わせて使っている国もある。しいていえば、アメリカのような移民国家や、比較的新しくできた国では、出生地主義をとっていることが多いようだ。自分たちの国の「国民」をなるべく増やしたいと考えて、そうしたのかもしれないね。

　ちなみに、1984年までの日本では、生まれた赤ちゃんの国籍が「日本」になるかどうかは、その子の父親が日本国籍をも

生まれたときの国籍の決め方

血統主義	父または母の国籍を受けつぐ （生まれた地がどこであっても）	日本、イタリア、オランダ、ギリシャ、スウェーデン、タイ、中国、韓国、フィリピンなど
出生地主義	生まれた地の国籍を取得する （父母の国籍がどこであっても）	アメリカ合衆国、ブラジル、カナダ、バングラデシュ、アイルランド、タンザニアなど

＊EU（欧州連合）の多くの国では血統主義をとっているが、条件つきで出生地主義も認めている例が少なくない。

っているかどうかで決まっていた。お母さんが日本人（日本籍）でも、お父さんが外国人（外国籍）だったら、子どもの国籍は日本にはならなかったんだ。でも、現在は、両親のどちらかが日本の国籍をもっていれば、生まれた子どもに日本の国籍が与えられる。

生まれたときに国籍がどうやって決まるか、わかったかな。

ん？　ちょっと待って。

日本では、親の国籍で子どもの国籍が決まる。一方、アメリカでは、生まれた場所で決まる。

ということは、日本国籍の親がアメリカにいるときに子どもが生まれたら、その子の国籍はどうなるの？

あと、国際結婚をした人の子どもは、どうなる？

そうなんだ。いろんなケースが考えられるよね。

じつは国籍には、けっこうややこしい問題もあるんだ。きみの疑問に答えるために、もう少していねいにみていくことにしよう。

06 国籍は1つとはかぎらない

世界に目を向けてみると、二重国籍はめずらしくない。

　たとえば、きみが外国人と結婚(けっこん)して、相手の国で暮らすことになり、その国の国籍(こくせき)を取ったとする。きみが日本人ならば、日本国籍を失うことになる。日本の法律は、基本的に、複数の国籍をもつことを認めていないからだ。

　また、たとえば、日本国籍をもつ人が、アメリカ合衆国で、アメリカ人とのあいだに子どもを授かったとする。生まれた子どもは、最初、2つの国籍をもつことになる。その場合、子どもは20歳(さい)になるまでに、どちらか一方の国籍を選ばなくてはならない。

　ところが、法律というのは、それぞれの国で決めるものだから、「二重国籍は認められない」「20歳までに国籍を1つに決めなくてはならない」というのは、あくまでも日本のルールであって、どこの国でも同じというわけじゃない。
　じつは、世界には、二重国籍を認めている国が何十か国もあるんだ。

最近、多くの先進国で少子高齢化が問題になっている。そこで、自分の国に若い人を増やすためのひとつの方法として、イタリアでは、外国人が以前よりも簡単にイタリアの国籍を取れるように、法律を変えたそうだ。

　いまはほかの国に住み、その国の国籍をもっていたとしても、ひいおじいさんやひいおばあさんがイタリア人だった人は、イタリアの国籍が取れる。たとえば、ブラジルのように二重国籍が認められている国に住んでいる人が、先祖にイタリア人がいたとわかったら、「それじゃあ、イタリアの国籍もとっておこうかな」と考えるかもしれない。

　イタリア政府としては、そういう人や、その子どもや孫がいつかイタリアで暮らすようになり、若い世代の人口が増えれば、国にとってメリットになると考えているようだ。

　二重国籍というのは、世界的にみれば、そんなにめずらしい話ではないし、いくつかの条件が重なって三重国籍になっている人もいる。

　実際問題、その人がどこの国籍をもっているか、正確に把握することは容易ではない。世界中の人の国籍をいちいち把握して管理する国際機関のようなものはないからだ。

　場合によっては、本人でさえ、自分の国籍について正確に知らない、なんてこともある。

　たとえば、日本人の両親がアメリカ滞在中に出産して、子どもが赤ちゃんのうちに日本にもどってきたとする。その子は、出生地のアメリカ国籍をもっているけれど、本人は日本国籍だ

けだと思いこんでいるかもしれない。

　じつをいうと、日本で二重国籍のままいても、警察につかまったり、罰金を払わされたりするわけじゃない。たまたま二重国籍がわかった人だけを罰したら、不公平になるからだ。実際、二重国籍でいる日本人も少なくないらしい。

　２つの国の国籍をもっていれば、パスポートも２つ持つことができる。
　海外へ行くときには、行き先の国と自分の国との関係によって、入国時の手続きが違う場合がある（ビザの要・不要など）。だから、２つのパスポートを持っている人は、行き先（国）に応じて、どちらのパスポートを使ったほうが手続きがラクかを考えて、使い分けることができる。
　たとえて言うと、２種類のポイントカードを持っていて、お店によってそれを使い分けるような感覚かもしれないね。

二重国籍をもつ「日本人」は、たとえば……

- 国際結婚で生まれた人
- 両親は日本人だが、出生地主義の国で生まれた人

　　　→ 20歳までに国籍を選択する。

- 外国から日本に来て日本国籍を取った人で、出身国が「国籍の離脱」を認めていない場合。また、離脱の手続きがむずかしい場合。

07 国籍を選ぶスポーツ選手

もっと活躍したいから、自分の意志で国籍を選ぶ人たちがいる。

　きみは、大坂なおみ選手を知っているかな。世界のトップレベルで活躍しているプロテニスプレーヤーだ。2018年の全米オープンで優勝して、一躍有名になった。

　彼女のお母さんは日本人。お父さんは、ハイチ共和国出身でアメリカ国籍。大阪で生まれて、3歳のときにアメリカに渡り、その後はアメリカで育った。2019年までアメリカと日本の二重国籍だったが、テニスの国際試合では日本の選手としてプレーし、その後、日本国籍のほうを選んだ。

　大坂選手の活躍が注目されはじめたとき、彼女が日本人だということに違和感をおぼえる人が、少なからずいた。180cmの長身、肌の色が褐色で、髪がちぢれていて、インタビューに答えるときはいつも英語で、日本語をほとんど話さなかったからだ。

　国際試合に出る選手はかならず、どこかの国の選手として登録をする。二重国籍の場合は、2つの国のどちらかを選ぶことになるが、競争相手が多いほど、勝ち上がって国の代表として

第2章 国籍はどう決まる? 　29

試合に出るのがむずかしくなる。大坂なおみ選手が日本の選手としてプレーするのは、強い選手がおおぜいいるアメリカよりも有利だからだろうと、皮肉っぽく言う人もいた。

　ところが、2018年、テニスの4大国際大会のひとつ、全米オープンで優勝し、世界中の人が彼女(かのじょ)の実力を認めるようになると、しだいに様子が変わっていった。

　テレビでインタビューに答える大坂選手の姿をたびたび目にするうちに、彼女の謙虚(けんきょ)な話し方やちょっとしたしぐさを見て、そこに「日本人らしさ」を感じとり、「やっぱり日本人だよね」という人が多くなったんだ。人はだれかに好意をもつと、その人を自分と同じだと思いたくなるのかもしれないね。

　一方、同じように二重国籍だったけれど、日本ではなく外国の選手として試合に出ることを選んだのが、柔道(じゅうどう)の出口(でぐち)クリスタ選手だ。

　彼女は、お母さんが日本人、お父さんがカナダ人。日本で生まれ、日本で育ってきた。目鼻立ちがはっきりしているところは"ハーフっぽい"かもしれないけれど、小学校から大学までずっと日本の学校に通ってきたから、日本語で困ったりするようなことはない。

　でも、2021年の東京オリンピックを目前にしたとき、日本の強化選手にまで選ばれながら、それを辞退して、カナダの選手としてオリンピックに挑(いど)むことを選んだ。強い選手がひしめいている日本では、オリンピックの代表選手になれる可能性は小さいと考えたからだ。自分を育ててくれた日本の人たちを裏切ることになるんじゃないかと、ずいぶん悩(なや)んだようだが、現

在は国籍もカナダだ。

　初めてカナダの選手といっしょに練習したとき、クリスタさんは、同じ柔道でも、国が違うとここまで違うのかと、びっくりしたという。お化粧やピアスをして畳の上に上がる。日本では考えられないことだった。ヘッドギア（頭部や耳をおおう防具）を付けて稽古をしている人もいた。その理由が、ピアスが取れないようにというので、またおどろいた。練習時間も、日本よりずっと短い。

　でも、カナダの道場は明るかった。日本では、代表になったらかならず勝つことを求められたけれど、カナダでは、勝てば「すごい！」とほめられ、負けても「大丈夫。つぎがある」と言われて、すぐに気持ちを切りかえることができた。

クリスタさんは、それまでの「勝たねばならない」というプレッシャーから解放されて、のびのびと試合に臨むことができるようになった。そして、それまでなかなか結果を出せずにいたのがウソのように、つぎつぎに国際大会で優勝するようになった。彼女には、カナダのやり方が合っていたようだ。
　そして、2024年にパリで開かれたオリンピックで、ついに金メダルをとった。

　世界に目を向けると、オリンピックをはじめとする国際大会に出場するために国籍を変える選手は、けっしてめずらしくはない。そうした人は、国籍に対するこだわりよりも、ひとりのアスリートとして世界の大舞台で自分の実力を試したいという思いのほうが、ずっと強いのかもしれない。

　オリンピックは、基本的に、「国」ごとに選手団をつくって競いあっている。表彰式では、金・銀・銅のメダルを取った選手の国の国旗が掲げられ、金メダリストの国の国歌が流れる。そこでは、どうしても「国籍」がついてまわる。
　でも、野球でもサッカーでも、国境をこえて活躍する選手がおおぜいいるのに、なぜ、オリンピックのような国際大会では、「国」を問題にするのだろう？
　ちなみに、ラグビーの場合は、その国に3年以上住んでいて、他国の代表になったことのない人なら、国籍に関係なく、だれでもナショナルチームのメンバーになることができる。

　スポーツ選手と国籍、きみはどう思う？

08 日本人が外国籍を取るには……

海外に暮らすことになったら一度は考えるかもしれない。

　日本では「国籍離脱の自由」が憲法で保障されている。日本人（日本籍）でいることをやめる自由があるんだ。

　といっても、もちろん、「今日から日本人、やーめた！」と言うだけではダメだ。法務局などの役所に行って手続きをしないといけない（ちなみに、手数料はかからない）。

　また、そのまえに、どこかほかの国の国籍を取っておかなければならない。国籍離脱の自由が認められているからといって、どこの国籍ももたないこと（無国籍）が認められているわけではないからだ。

　ほかの国の国籍を取るには、その国の法律にしたがって手続きをする必要がある。

　たとえば、アメリカ合衆国の国籍を取るためには、まず、永住権を取得して5年以上アメリカに住んでいることが条件になる。そのうえで、日常生活に困らないだけの英語力があること、アメリカの歴史や地理に関する知識があること、アメリカ合衆国に忠誠を誓うことなどが求められ、面接や筆記試験に合格し

て、ようやくアメリカの国籍(こくせき)がもらえる。

　オーストラリアの場合は、永住権を取ってから1年で国籍取得が可能になる。二重国籍も認められているから、同じように二重国籍が認められている別の国から移住してきた人は、わりと気軽にオーストラリア国籍を取ることが多いらしい。

　ある国の国籍を取得すると、その国の「国民」としての権利が認められる。
　学費を払(はら)わずに公立学校に通えるとか、どんな仕事でも選べる、国家公務員になれる、国民保険に加入できる、選挙で投票したり立候補したりできる、その国のパスポートを持って、いつでも自由に外国に行ったり帰ってきたりできる……などだ（国によって違(ちが)いはあるけれど）。
　と同時に、その国で定められた国民の義務も生じる。もしもその国に徴兵制(ちょうへいせい)があれば、きみも軍隊に入って訓練に参加し、場合によっては戦争に行くことになるかもしれない。

　日本は二重国籍を認めていないから、ほかの国の国籍を取ったら、日本の国籍は失うことになる。
　そうすると、日本にもどっても「外国人」として扱(あつか)われるから、ビザの有効期限がくるまえに出国しなければならないし、認められた範囲内(はんいない)でしか働くことはできない。
　たとえば、観光ビザで入国したら、きみは「外国人観光客」として一時的に滞在(たいざい)している人、ということになって、最長でも90日しか日本にいられない。自分が生まれ育った場所に帰っても、なんとなく落ち着かない感じがするかもしれないね。

09 外国人が日本籍を取るには……

書類審査や面接があって
試験のようだけど、
審査の基準は示されていない。

　本人が望んで、いまもっている国籍とは別の国籍を取ること、日本でいえば、日本に暮らす外国人が日本の国籍を取ることを「帰化（する）」という。

　日本の国籍法には、帰化が認められるための基本的な要件が定められている。
　たとえば、「日本に5年以上住んでいる」「素行が善良である」「生活していくための十分なお金を持っているか、働いて稼ぐことができる」「日本の政府に対して暴力的な行為や反対する主張をしたことがない」などだ。

　ここでちょっと気になるのが、「素行が善良であること」という条件。
　たとえば、きみが外国人（外国籍）で、日本の国籍を取りたいと思って帰化の申請手続きをしたとする。すると、法務省の人にいろいろなことを聞かれたり、調べられたりする。過去に万引きなどの犯罪行為をしたことがないか。夜おそく友だちと

第2章　国籍はどう決まる？　35

さわいで近所の人に迷惑をかけたりしたことはないか。家族に問題を起こすような人はいないか……などなど。

そんなにあれこれ細かいことを聞かれたら、あまりいい気持ちはしないかもしれないね。

日本の帰化制度は、むかしもいまも、許可の基準がはっきりしていない。帰化を許可するかどうかは、法務大臣の裁量によるところが大きく、許可されなかった場合も、なぜダメだったのかは教えてもらえない。

また、国籍法には書かれていないけれど、日本語が話せること、読み書きができることも、実際には判断材料となる。面接審査もあるので、そのときに日本語の質問にちゃんと答えられなければ不利になるんだ。

さらに、かつては、帰化するときには日本人のような名前に変えるのが当然とされていた。

欧米に移住した外国人の場合は、もとの名前のまま、その国の国民になるのが一般的だ。

12歳のときにリオの環境サミットで有名なスピーチをした

カナダの環境問題活動家、セヴァン・カリス＝スズキ（Severn Cullis-Suzuki）さんや、2017年にノーベル文学賞を受賞した英国のカズオ・イシグロ（Kazuo Ishiguro）さんな

どは、名前を聞けば、日本にルーツをもつ人だとすぐにわかる。

でも、日本政府は、「日本人になるなら、日本人らしい名前でなければならない」と考えていたようだ。

「日本の国籍をもつこと」と、「多くの日本人がイメージする日本人らしい日本人であること」を同じものとして考えてきたわけだね。

「日本人らしい日本人」って？？？

名前に関しては、その後、あまりうるさく言われなくなり、もとの名前を日本語の文字（カタカナ・ひらがな・漢字）におきかえた名前で帰化できるようになった。

ちなみに、2023年に日本への帰化が認められた人は8800人（前年までに申請した人もふくまれる）。もとの籍は、韓国・朝鮮が2807人、中国が2651人、その他が3342人だった。数年前までは、日本に帰化する人の8割以上が韓国・朝鮮か中国籍からの国籍変更だったけれど、最近は、それ以外の人の割合がどんどん増えてきている。

日本で外国人と結婚したら?

身近になってきた国際結婚。
国籍は変わる? 名前はどうなる?

　日本では毎年、2万組以上の国際結婚の夫婦が生まれている。およそ30組に1組が国際結婚だ。

　これまででいちばん多かった2006年には、約4万5千組で、16組に1組が国際結婚だった。

　たとえば、きみが外国人（国籍の異なる人）と結婚したとする。国際結婚をしたからといって、自動的に国籍が変わるわけではない。自分の国籍を相手の国籍と同じにする必要はないし、相手もそうだ。それぞれ違う国籍をもちながら夫婦になることができる。

　名前もそうだ。日本人の佐藤恵子さんがアメリカ人のジョージ・スミスさんと結婚しても、恵子さんがケイコ・スミスになる必要はないし、ジョージさんが佐藤ジョージ（譲二?）にならなくてもかまわない。

　でも、結婚を機に、国籍や名字も同じにしたいと考える人もいるかもしれない。そういう場合は、どちらかの国籍や氏名を変更することができる。

国際結婚と日本人どうしの結婚の違い（日本国内で）

	日本人どうし	外国人と日本人
国籍	どちらも日本	そのままでOK
姓 （名字）	夫婦どちらかの姓にそろえる	別べつの姓でOK
戸籍	夫婦の戸籍がつくられる。もとの名字のままの人が戸籍筆頭者になる	日本人の側だけの新しい戸籍がつくられる。身分事項の欄に、結婚した日やパートナーの名前などが記される

あれ？　ちょっと待って。日本人どうしが結婚する場合は、名字はどちらか一方に決めなければならないよね。

なのに、国際結婚の場合は、どうして、夫婦別姓が問題にならないんだろう？

それは、ひとつには、日本の「戸籍」の制度から来ていると考えられる。

日本人どうしの場合、結婚すると、それぞれが親の戸籍から出て、新しい戸籍（夫婦の戸籍）をつくることになるのだけれど、このとき、姓（名字）は、どちらか一方に決めなければいけないんだ。その姓をもつ側が「戸籍筆頭者」となる（むかしは戸主といった）。

日本ではとくに戦前まで、結婚すると相手の「家」に入るという考え方が長く続いてきた。そして、「嫁」とか「嫁ぐ」と

いう字にも表れているように、女の人が相手の家に入ることのほうが、ずっと多かった。結婚したら、その家の名前、「氏」を名乗るのが当然とされてきて、その慣習がいまの戸籍制度にも受けつがれているようだ。

　ところが、外国人の場合、「住民票」（市町村が管理する住民基本台帳）には名前が載っているけれど、「戸籍」はもたない。戸籍というのは、あくまでも、日本国籍をもつ人だけのもので、たとえ日本人と結婚しても、外国籍の人は別扱いなんだ。外国人は戸籍が必要ないから、姓を同じにする必要もない。
　なんだかヘンな感じもするね。戸籍って、なんのためにあるんだろう？
　ちなみに、日本以外の国で戸籍があるのは、中国と台湾だけ。韓国では2008年に廃止されている。

国際結婚で生まれた子どもの国籍は？

もしもきみが国際結婚(こくさいけっこん)をしたら……
子どもの国籍(こくせき)、どう考える？

　国際結婚の夫婦に子どもが生まれたとき、かならずつきあたるのが、子どもの国籍をどうするかという問題だ。夫婦の国籍は同じでなくても、日本の法律の下では、子どもの国籍は1つに決めなければならない。

　もしもきみが外国人と結婚したら、子どもには自分の国籍をつがせたいと思う？　父親と同じ国籍にするか、それとも母親と同じにするか。きみなら、どうやって決める？

　日本では、20歳(さい)までに国籍を選択(せんたく)しなければならないと、国籍法で決められている。逆にいえば、親が決めなくても、20歳になるまでに自分でどちらかの国籍を選べばいいから、本人に決めさせるという方法もある。そのとき、その子は、どんなふうに自分の国籍を選ぶだろうか。

　また、国際結婚をした場合にかぎらないけれど、出産の場所（国）を選ぶことによって、子どもにもう1つの国籍を取らせるという人もいる。

第2章　国籍はどう決まる？　41

　たとえば、どこかの国の夫婦が一時的にアメリカに滞在し、その間に子どもが生まれれば、その子はアメリカ国籍を取得し、二重国籍になる。アメリカは国籍取得に関して「出生地主義」をとっているからだ。

　「たまたまそのとき、アメリカに住んでいたから」ではなく、子どもにアメリカ国籍を与えるために、わざわざそうする人もいるのだという。

　アメリカの国籍をもっていれば、アメリカの学校に通い、英語で教育を受けることができる。英語で不自由なく読み書きできれば、進学や就職にも有利だし、いつでも好きなときにアメリカに渡り、そこで暮らすことができる──そう考えて、アメリカで子どもを産む人もいる。

　二重国籍と子どもの選択、きみは、どう考える？

12 国のつごうで国籍が変わる?

ある日とつぜん日本国籍にされ、ある日とつぜん外国人にされた。

　きみは、「在日韓国・朝鮮人」「在日コリアン」と呼ばれる人たちのことを知っているだろうか。もしかしたら、きみの身近なところにいるかもしれないし、あるいは、きみ自身がそうかもしれないね。全国に約30万人いるのだから。

　朝鮮半島は、ある時期、日本の植民地だった(1910年〜1945年)。当時の日本(大日本帝国)地図を見ると、朝鮮半島や台湾も日本の領土として描かれている。

　このころの朝鮮半島の人びとは、日本の国籍をもつ「大日本帝国臣民」として扱われ、「皇民化政策」や「創氏改名」が

戦時の日本領土地図から

第2章 国籍はどう決まる?　43

進められた【＊】。太平洋戦争が始まると、日本の兵隊として戦地に送られたり、日本の工場や炭鉱などで働かせるため、本土に連れてこられた人たちもいた。

　しかし、1945年、日本は戦争に負け、朝鮮半島は、35年にわたる日本の植民地支配から解放された。

　そのとき、日本に住んでいた朝鮮半島出身者は、約200万人。大半の人は戦争が終わって故郷へ帰っていったけれど、祖国に帰っても住む場所がなかったり、仕事がないために生活のめどが立たないなどの理由で、約60万人の朝鮮半島出身者が、そのまま日本に残った。

　戦争が終わったとき、朝鮮半島出身者は日本の国籍をもっていた。けれど、1947年5月2日、日本政府が出した「外国人登録令」により、朝鮮半島や台湾出身などの旧植民地出身者は「外国人とみなす」とされた。

　これがなにを意味するか、わかるだろうか。

　翌日の1947年5月3日は、日本国憲法が施行された日だ。

　憲法には、国民の権利が記されていて、選挙権や教育を受ける権利、健康で文化的な生活を営む権利などが保障されている。しかし、その前日に「外国人とみなす」とされた旧植民地出身者は、これらの権利の対象外とされてしまったんだ。前の日までは「日本人」だったのに。

　1952年には、法務府（いまの法務省）からの通達によって、旧植民地出身者は、本人の意思とは関係なく、日本の国籍を失うことになった。

サンフランシスコ講和条約が発効し、日本が主権を回復する、わずか9日前のことだ。講和条約の発効と同じ日、外国人登録法が施行され、旧植民地出身者は「外国人」になった。
　つまり、日本の国のつごうで、日本人（日本籍）にされたり、外国人（外国籍）にされたりしてきたんだ。

　現在、在日韓国・朝鮮人の多くは、「特別永住者」という在留資格をもつ「外国人」として、1世のお年寄りから6世の子どもたちまでが日本で暮らしている。

国籍をどう変えられてきたか

朝鮮半島に暮らしていた人びと
↓

1910年 ｜ 日本が韓国を併合 → **日本国籍** に

1945年 ｜ 日本敗戦
　　　　 このとき日本にいた朝鮮半島出身者は約200万人
　　　　 約60万人が日本に残った

1947年 ｜ 外国人登録令 → **「（日本籍だが）外国人とみなす」**
　　　　 日本国憲法の施行

1952年 ｜ サンフランシスコ条約／外国人登録法
　　　　 日本国籍を失う → **無国籍状態の「外国人」** に

【＊】 日本は植民地の人びとに対し、日本語による教育や神社の参拝を強制するなどして、天皇を敬う心をもった日本人として行動することを求めた（皇民化政策）。また、先祖代々うけついできた名前を、日本人のような名前に変えさせた（創氏改名）。

朝鮮人って、北朝鮮の人？

「在日韓国・朝鮮人」のうち、「在日韓国人」は、大韓民国（韓国）の国籍をもつ人たちだ。日本にある韓国領事館で韓国のパスポートを取ることもできるし、韓国の選挙で投票する権利もある。

では、「在日朝鮮人」は？

朝鮮民主主義人民共和国（北朝鮮）の国籍をもつ人たちかというと、じつはそうじゃないんだ。

前のページで見たように、朝鮮半島の人たちは、日本の植民地時代には、日本の国籍を与えられた。しかし、戦争が終わって数年後、日本国籍を一方的に奪われ、特定の国籍をもたない「朝鮮人」として扱われるようになった。

第二次大戦後、朝鮮半島は南北二つの国に分かれてしまったけれど、1965年に韓国と日本の国交が回復すると、日本に住んでいた朝鮮半島出身者のなかで、韓国の国籍を取得する人が増えた。でも一方で、「朝鮮人」のままでいることを選んだ人たちもいた。

理由はいろいろだ。日本人だって、外国に暮らしていて、とつぜん日本が2つの国に分かれてどちらかを選べと言われたら、簡単には決められないだろう。

そもそも、仮に北朝鮮の国籍を取りたいと思ったとしても、

日本は北朝鮮を「国」として認めていないので、日本に住んでいる人が北朝鮮国籍を取得する手続きはできない（日本には北朝鮮の大使館や領事館もない）。

在日韓国・朝鮮人のうち、韓国籍をもたない人たちは、日本がつくったとりあえずの呼び名としての「朝鮮（人）」をそのまま使っているにすぎない。それが「在日朝鮮人」だ。

だから、その人たちは、いってみれば「無国籍」なんだ。

「在日韓国人」と「在日朝鮮人」の国籍の違い。ちょっとややこしいけど、わかったかな。

整理しておさらいすると……

1945年 | 第二次世界大戦が終戦

1948年 | 朝鮮半島が北と南に分かれ、それぞれに政府が樹立。戦争状態になる

1952年 | 日本政府の方針により、日本にいた朝鮮半島出身者が日本国籍を失う

1965年 | 韓国と日本の国交が回復（日韓条約）
北朝鮮と日本は国交がないまま

日本にいた朝鮮半島出身者のうち
- 韓国籍を選んだ人 → 韓国の国籍をもった［在日韓国人］
- 韓国籍を選ばなかった人 → いわば無国籍［在日朝鮮人］

現在、その1世から6世までが日本に暮らしている。

だから、「在日朝鮮人」という呼び方は、出身地や国籍をあらわしているわけではない。

ある3人の場合

朝鮮半島の同じ地方に生まれた3人

これからは日本が統治する　1910年

日本国籍に

↓

労働力として日本へ

↓

戦争が終わると…

外国人とみなす　1947年

やっぱ今日から外国人にする　1952年

朝鮮人（無国籍）に

やがて…
↓

帰化をして**日本国籍**となったAさん	**朝鮮籍（無国籍）**のままを選んだBさん	**韓国の国籍**を選んだCさん

13 国籍のない人たち

えっ、国籍(こくせき)のない人なんているの？
と思うかもしれないけれど、
世界中に、そして日本にもいる。

　国連難民高等弁務官事務所(こくれんなんみんこうとうべんむかんじむしょ)（UNHCR(ユーエヌエイチシーアール)）は、無国籍者(むこくせきしゃ)をなくすために、さまざまな取り組みをおこなっている。

無国籍者をなくす？

　国籍のない人なんて、いるの？　と思うかもしれない。でも、UNHCRによると、世界中で少なくとも420万人の人が無国籍状態でいるという。

　国籍がなければ、パスポートがつくれないから外国に行くことはできない。そして、就学や就職、運転免許(めんきょ)の取得、銀行口座をつくるときなど、日常生活のさまざまな場面で不利益をこうむることが考えられる。また、ヨーロッパ各地を移動しながら暮らすロマの人びとのように、どこの国からも自国民として認められず、差別や迫害(はくがい)を受けたり、貧困状態におちいったりすることもありえる。

　UNHCRでは、出身国の保護が受けられない難民を守るのと同様の考え方にもとづいて、無国籍の人の人権も守るべきだと

第2章 国籍はどう決まる？　49

している。

　じつは、日本にも無国籍(むこくせき)の人たちがいる。

　法務省が発表した在留外国人に関する統計資料によれば、2023年12月末時点で460人の無国籍の人がいるという（この場合の「無国籍」には、46ページで説明した「在日朝鮮人」はふくまれない）。

　でも、外国人についての資料に人数が出ているからといって、その人たちが「外国人」かというと、そうとも言いきれない。だって、「国籍」がないのだから。

　なんで、そんなことが起きるのだろう？
　たとえば、つぎのようなケースが考えられる。

●子どもが生まれたときに、親が役所に届け出をせず、その子

の存在がどこにも記録されていない場合。国や自治体に存在が知られていないので、たとえば小学校に上がる年になっても、就学通知がこない。
- 国籍について「出生地主義」の国(たとえばアメリカ)の人が、「血統主義」の日本で子どもを産んで、出身国で国籍取得の手続きをしないまま、日本に住んでいる場合。
- 難民として日本に来た人が、祖国で出生届を出せず、その子どもが無国籍になっている場合。

これ以外にも、いろいろと複雑な事情から無国籍になっている人たちがいる。

法務省の資料に出ている460人という数字は、あくまでも国がつかんでいる無国籍者の人数だ。そもそも、国が無国籍者を把握することじたいがむずかしいので、実際にはそれ以上の人が無国籍状態のまま、日本で暮らしている可能性がある。

世界の国境あれこれ

　オランダのバールレ＝ナッサウという町のなかには、21か所もの小さなベルギー領土（飛び地）がある。さらに、そのなかにまた、オランダの飛び地があったりもするそうだ。

　だから、町じゅうが国境だらけ。お店や住宅のなかに国境線が通っているところもある。家から学校まで通ったり、買い物に行ったりするだけで、1日に何度も国境をこえることになりそうだね。

　そんな町に住んでいる人は、「外国」や「外国人」をどんなふうにとらえているんだろう？　日本に住むぼくらとはちょっと違う感覚かもしれないね。

カフェの床に引かれた国境線。左がオランダ、右がベルギー
写真：Jérôme（CC BY-SA 3.0）

戦争によって国境線が変わることもある。

クロアチア、スロベニア、ボスニア・ヘルツェゴビナ、セルビア、モンテネグロ、マケドニアの6つの国は、以前は「ユーゴスラビア」という1つの国だった。

ユーゴスラビアは、「1つの国家、2つの文字、3つの宗教、4つの言語、5つの民族、6つの共和国、7つの国境線」といわれるほど、多様性に満ちた国だったけれど、1991年に起きた紛争によって国が分かれ、新たな国境線が引かれたんだ。

アフリカでも、スーダンで起きた内戦を経て、2011年に南スーダンがスーダンから分離独立した。

また、中東のパレスチナには約455万人が住んでいるけれど、ユダヤ国家・イスラエルとの対立が長年にわたって続き、イスラエルに侵食されるようなかたちで、実質的な領土の面積がじょじょに小さくなっている。

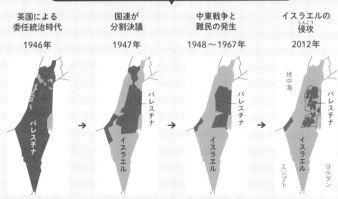

出典:「パレスチナ 子どものキャンペーン」ウェブサイト

14 「日本国民」と「日本人」

いったい、どこが違うのかって？
ぜひ考えてみてほしい。

　日本国憲法には「日本国民たる要件は、法律でこれを定める」と書かれている。「国民」として認められるかどうかが、法律で決まっているんだ。その法律が「国籍法」だ。

　つまり、日本の「国籍」をもっている人が、日本の「国民」ということになる。

　ただ、ここで注意しないといけないのは、法律で決まっているのは、どういう人が日本の国籍をもち、日本国民として扱われるかということであって、「日本人」とはなにか、ではないということだ。

　「日本の国民」と「日本人」の違い、わかるかな？

　「国民」というのは、その国の構成員で、権利や義務の主体として扱われる。日本国憲法を見ると、「すべて国民は、法律の定めるところにより、その能力に応じて、ひとしく教育を受ける権利を有する」とか書いてある。この「国民」ということばは、日本の国籍をもつ人を指している。

でも、「日本人」というのは、「日本国民」よりももっと広い概念だ。

　たとえば、外国人と結婚して相手の国で暮らし、その国の国籍を取って日本の国籍を失ったとしても、家では焼き魚とかみそ汁などをすすんで食べ、日本人の友だちと日本語で話し、ときには着物を着たりして、「やっぱり私は日本人」という意識をもっている人もいるだろう。そういう人は、日本の国籍をもつ「日本国民」ではないけれど、「日本人」だといえるんじゃないだろうか。
　たとえば、ブラジルで暮らす「日系人」のなかには、国籍はブラジルで、ふだんは現地のことば（ポルトガル語）で生活していても、「あなたはナニ人ですか？」という質問に、「日本人」と答える人もいる。
　ということは、少なくとも、日本の国籍をもっていることが「日本人」かどうかの絶対的な決め手ではない、ということになるよね。

「日本人」の範囲は「日本国民」より広い

日本国民 → 日本の国籍をもつ人

- 両親が日本の国籍をもち、日本で生まれた人
- 両親が国際結婚で、子どもの自分は日本国籍を選んだ人
- 外国籍だったが、のちに日本に帰化した（日本の国籍を取得した）人……など

日本人 → 国籍だけでは決められない

ただし、念のために言っておくと、だからといって、「国籍」はあまり重要なものじゃないというわけでは、けっしてない。
　「世界人権宣言」には、「すべて人は、国籍を持つ権利を有する」と、国籍をもつ権利が謳われている。
　また、「子どもの権利条約」にも「児童は、出生の後直ちに登録される。児童は、出生の時から氏名を有する権利及び国籍を取得する権利を有する」とある。

　なぜ、国籍をもつことが、そんなに大事なのだろうか。

　国籍をもつということは、その国の構成員（＝国民）として認められること。そして、その国によって守られ、いろいろな権利が保障されることを意味している。
　逆にいうと、国籍がなく、どこの国にも所属していないということになれば、その人がなにかを望んでも、それが当然の権利として認められることはない。国籍がなければ、教育を受ける権利も、選挙権も、社会保障【＊】を受ける権利も認められないかもしれない。
　だから、国籍をもつことは「権利をもつための権利」ともいわれているんだ。

【＊】 社会保障……高齢者や障害のある人が生活に困らないよう支援する福祉制度や年金制度、病気やケガをしたときのための健康保険制度など、税金によってすべての人に最低限の生活を保障する仕組み。

第 2 章 国籍はどう決まる？

第 3 章

外国人と日本人と、きみとぼく

「外国人」と「日本人」って、
はっきり分けられるのだろうか？
考えれば考えるほど、わからなくなる。
それでもどんどん考えていくと、
この世の中に存在するいろんな
「ワク」のようなものが見えてくる。

コスタリカから来たEくん

めちゃめちゃカッコいい
おとなになったEくんが、
中学生たちに語ったこと。

　ぼくの友人、Eくんの話を聞いてほしい。

　中米のコスタリカで生まれたEくんは、幼いころに日本に来て、小学校と中学校で猛烈ないじめにあった。上ばきがなくなったり、自分の机が校庭の真ん中に放りだされていたり……。
　なぜだろう。日本語は上手になったのに。
　彼の"見た目"が日本人っぽくなかったから？

　彼にはあこがれの人がいた。中学校の卒業式の日、今日がラストチャンスと思ったEくんは、勇気をだして、その彼女に告白した。
　「〇〇さん、ぼくとつきあってください！」
　すると彼女、Eくんの顔を見て、あきれたように「はあ？」と言ったという。
　「あんた、いじめられてたでしょ。あれ、私がやらせてたの」
　彼女はクラスの"女王様"だったんだ。Eくんは谷底へつき落とされたような、ものすごいショックを受けた。

「このままではだめになってしまう。自分を変えたい」

そう思ったＥくんは、高校で野球部に入ることにした。

野球部の監督に「ぼく、野球やりたいんです。入れてください！」と言ったら、こんどは監督がＥくんを見て、あきれたように「はあ？」と言った。

当時のＥくんはすごく太っていて、運動が大の苦手だった。1500メートルも走れなかった。

「おまえ、ここがどこの野球部かわかってんのか？　全国から選手が集まってくるＹ高校だぞ」と監督は言った。

Ｅくんが入った高校は、毎年のように甲子園に出場し、おおぜいのプロ野球選手を出している、全国に名を知られた野球の名門校だったんだ。

「でも、ぼくやりたいんです。やらせてください！」と、Ｅくんは監督に土下座して頼んだ。

「じゃあ、3日間やってみろ。おまえがうちの練習についてこれたら、考えてやる」。監督はそう言った。

「わかりました。よろしくお願いします！」

それから3日間、Ｅくんは生まれてはじめて経験する、ものすごくきびしい練習に必死で耐えた。

そして3日後、「ぼく、やりました。入部させてください！」と監督に言ったら、

「じゃあ、あと1か月やってみろ。それでやめなかったら入れてやる」と言われた。

そう言われて、ときに気を失うほどの激しい練習に耐えぬいたＥくん。のちにプロとして活躍する仲間たちといっしょに、野球部の一員として充実した高校生活を送ることができた。そ

して、自分に自信をもてるようになったという。

　おとなになったEくんが、そんな自分の経験を中学校の特別授業で話すのを見たことがある。
　まっすぐに人を見つめる彼のまなざし。明るい笑顔。
　「つらいのは、いろんなことを受けとめるだけになっているとき。なんでもいいから発信すると、ずっと楽になるよ」というメッセージが、みんなの心にしみた。ひとりの女の子が「やばい。泣けてくる」と言うのが聞こえた。

　Eくんは、お母さんがコスタリカ人、お父さんは日本人。国籍は？
　国籍なんて、どっちでもいいと思わない？　彼のひたむきな生き方を知り、人間としての魅力にふれると、EくんはEくんでしかなく、彼がナニ人かなんて気にならない。ぼくは、Eくんと出会えたことを、とてもラッキーだと思っている。

見た目は違うけど、国籍は日本

「ハーフ」であるがゆえの苦労がある。
見た目で判断するまえに
ちょっとたちどまってほしい。

　じつは、Eくんもそうなんだけど、日本で生まれ育った2世・3世や、いわゆる「ハーフ」の人たちのなかには、「見た目は外国人だけど、国籍は日本」という人が多くいる。
　彼ら／彼女らは、その「見た目」のおかげで、いろんな苦労をしたり、いやな思いをしたりしている。
　そもそも、「見た目は外国人」という言い方じたい、すごく不快に感じるかもしれない。
　「外国人の見た目って、どんなだよ。そんなこと簡単に言えるわけないだろ。同じ顔を見ても、人によってどう思うかは違うんだから」って。

　「出身はどちらですか？」「日本に来て何年？」「日本語が上手ですね」などと言われるたびに、「またか」とうんざりする。
　市役所や病院の窓口に行くと、こっちがなにか言うまえに、「日本語、だいじょうぶですか？」「漢字はわかりますか？」と聞かれる。もしかしたら相手は親切のつもりで言っているのかもしれないけれど。

第3章　外国人と日本人と、きみとぼく　　63

アパートを借りるために不動産屋さんに行ったら、顔を見ただけで、「うちには外国人向けの物件はないよ」と言われて、むっとする。
　レストランやコンビニでアルバイトをすると、お客さんが不安そうな顔をする。
　「この人、日本語わかるのかなあ？」「なんだか頼りないなあ」「ほかの人に担当をかわってもらえないかなあ」……そう思っているのがありありとわかる。
　だから、そんなときは、100％完ペキな日本語がしゃべれることをアピールしつつ、とびっきりの笑顔で親切に対応して、あとになって、「なんでこんなことしなきゃいけないんだろう」と考えて、どっと疲れたりする。

　顔を見ただけでほかの人と違う扱いを受けたら、どんな気持ちになるだろう。きみは、そんな経験したことある？

　また、自転車に乗っているときなどにお巡りさんに呼びとめられて、「在留カードを見せて」と言われることがある。
　「在留カード」というのは、日本に住む外国人がつねに持ち歩かなければならない身分証明書のようなものだ（16歳未満と特別永住者の場合は、常時携帯義務は免除されている）。
　だけど、日本国籍なんだから、もちろん、そんなものは持ってない。
　ところが、「日本人だから持っていません」と言っても、すぐには信じてもらえず、自分が日本人であることをその場で証明しないといけなくなる。用事があるから急いでいると言って

も、おかまいなしだ。

　自分が日本人だって証明しろって？　生徒手帳？　運転免許証？　なにを見せれば証明になるんだろう。
「国籍＝日本」なんて、どこにも書いてないよ。そこに書いてある名前が「田中」とか「佐藤」なら納得してもらえるのかな？　家族や友だちに電話して「ぼくが日本人だって、お巡りさんに話して」と頼む？　まるでコントだ。

　そもそも警察は、なぜ、外国人を呼びとめる必要があるのだろう？
　なんのために在留カードを見るのだろう？
　きみはどう思う？

第3章　外国人と日本人と、きみとぼく　　65

17 中華街で育ったYさん

20歳になった彼女が
涙をこぼしたわけは……

　横浜の中華街には200軒以上の中華料理屋さんがあって、いつもおおぜいの観光客でにぎわっている。

　「三把刀」（サンパータオ）という中国語を教えてくれたのは、この町で生まれ育った中国人女性のYさんだ。

　江戸時代の終わりに横浜が開港して、欧米諸国との貿易が始まったとき、中国人は、欧米人と日本人とのあいだで通訳として活躍した。漢字を使って筆談ができたからだ。

　やがて中華街ができ、おおぜいの中国人が暮らすようになったけれど、日本の政府は外国人が日本人の仕事を奪うことを警戒して、外国人ができる仕事の種類を制限した。

　そのとき、日本に住む中国人が営んだ代表的な職業が、刃物をつかう3つの仕事、三把刀だった。

　刃物をつかう3つの仕事、なんだかわかるかな？

　答えは、料理人、床屋さん、服の仕立て屋さんの3つ。

　いまはもうほとんど残っていないけれど、以前は中華街の細

い路地を入ったところに、床屋さんや仕立屋さんが何軒もあった。

　ところで、きみは、中国と台湾の関係について知っているかな？

　歴史的な経緯については自分で調べてもらうとして、ごく簡単にいうと、中国は、台湾を自分たちの国の一部だと主張し、台湾は、独立した１つの国だと主張している。だから、たがいにあまり仲がよくないんだ。

　じつは、横浜の中華街にも「大陸（中国）系」と「台湾系」の人たちが住んでいる。

　大陸系の人たちは、10月１日に「国慶節」（中華人民共和国の建国記念日）をお祝いし、台湾系の人たちは、10月10日に「雙十節」（中華民国の建国記念日）をお祝いする。

　学校も２つある。大陸系の「横浜山手中華学校」と台湾系の「横濱中華學院」。どちらも、子どもたちに民族のことばと文化を伝えることを大事にしている民族学校だ。課外活動では、民族舞踊や獅子舞などに力が入れられている。

　Ｙさんは、生まれたときから日本に住んでいるけれど、大陸系中国人の両親をもつ中国人で、国籍も「中華人民共和国」。横浜山手中華学校の卒業生だ。横浜山手中華学校には中学までしかないので、高校・大学は日本の学校に行った。だから、日本人の友だちも多い。

Ｙさんが20歳になったころ、日本人の友だちとドライブに行ったことがあるという。その日はたまたま、なにかの選挙の投票日だった。友だちが投票所に寄って投票をすませてくるあいだ、Ｙさんは車のなかでひとりで待っていた。

　Ｙさんはそのとき、自分でもなぜだかわからないけれど、知らず知らずのうちに涙があふれてきて止まらなくなったという。

　「なんで、私だけここで待ってるんだろう？」

　同じように日本で生まれ育ち、学校も、遊びに行くときもいつもいっしょで、おたがい相手がナニ人かなんて意識したこともなかったのに……。

　Ｙさんの涙の理由、きみはどう考える？

18 外国人の選挙権

外国籍の人の選挙権のあり方は
国によってさまざまだ。

　国や地方自治体（都道府県・市町村）の選挙のとき、選挙権・被選挙権をもつのは、日本国籍をもつ「国民」にかぎられる。外国籍の人は（無国籍の人も）、日本に住んでいても、選挙で投票することはできないし、自分が立候補することもできない。

　たとえば、きみが18歳になったとき、きみが日本の国籍をもっていれば、つぎの選挙のときから投票の案内が郵便で届き、それを持って家の近くの投票所に行くだろう。
　でも、きみが日本国籍をもっていなかったら、郵便は来ない。外国籍の友だちのところにも来ない。ふだん、同じ学校の同じ教室で勉強していても、日本の国籍をもっているかどうかで、はっきり分かれている。

　中学や高校では、社会科の時間に選挙について勉強し、「模擬選挙」（実際にだれかを選んで投票する練習）をするかもしれない。でも、日本の国籍をもっていない友だちは、模擬選挙では投票できても、実際の選挙で投票することはないんだ。外国籍

で日本に住んでいるかぎり、投票所に足を踏み入れることは、一生ないかもしれない。この先、法律が変わらなければ。

在日韓国・朝鮮人のように、何世代もまえから日本に住んでいる人たちは、日本で生まれ、日本語を話し、日本の学校で勉強し、日本の会社で働いたりして、日本人と変わらない生活をしている人が多い。でも、選挙のときには、はっきりと日本人とは違う扱いを受ける。

これって、なんかおかしくない？

市議会議員のように選挙で選ばれた人たちは、その地域に住む人たちの代弁者として、まちをよくするために仕事をする。福祉や環境問題などを議会で話し合い、必要な条例をつくったり、行政（市役所など）の仕事に注文をつけたりする。

ところが、同じまちに住んでいても、外国人は、日本の国籍をもっていないというだけの理由で、そこに関わることができない。自分が立候補して議員になることもできないし、自分がよいと思う人に投票することもできない。

この選挙権の問題、世界に目を向けてみると、どうだろう。欧米諸国では、「外国人だから選挙権がなくて当たりまえ」というわけじゃない。とくに地方参政権は、スウェーデン、デンマーク、オランダ、フランス、ドイツ、英国、ニュージーランド、アメリカ合衆国など、多くの国で外国籍の人びとにも認められている【*】。

　外国人の選挙権については、いろいろな考え方があるけれど、「国」のあり方にかかわる国政選挙はともかくとして、地域のことを考える地方選挙は、その地域の同じ住民として暮らす外国人の参加を認めるべきだという意見も多い。

　でも、外国人住民が多い地域では外国人の意見が大きな影響力をもちかねないなど、抵抗を示す人もいて、なかなか実現しない。政党や議員によって、いろいろな考え方があるんだ。

　在住外国人のほうでも、選挙権よりもまえに、差別のない社会を実現することのほうが先じゃないか、という人もいる。

　外国人の選挙権、きみはどう考える？

【＊】　フランス、ドイツ、英国、アメリカの場合は、一部の人、または一部地方で参政権が与えられている。くわしくは次のページに。

海外ではどうなっている？
――参政権

在住外国人の参政権

国		参政権		付与の要件など
		国政	地方	
スウェーデン	選	×	○	3年以上の居住
	被選	×	○	
デンマーク	選	×	○	3年以上の居住
	被選	×	○	
オランダ	選	×	○	5年以上の居住
	被選	×	○	
フランス	選	×	△	EU市民にのみ【*1】
	被選	×	△	
ドイツ	選	×	△	郡・市町村の選挙のみ、EU市民に
	被選	×	△	
英国	選	△	△	地方選挙：EU市民
	被選	△	△	国政選挙：英連邦市民など【*2】
ニュージーランド	選	○	○	1年以上居住している永住者
	被選	×	×	
ロシア	選	×	○	永住者
	被選	×	○	
カナダ	選	×	△	一部の州で、一部の英連邦市民に
	被選	×	×	
アメリカ合衆国	選	×	△	一部の市で付与
	被選	×	△	
韓国	選	×	○	永住資格取得後3年以上
	被選	×	×	
日本	選	×	×	
	被選	×	×	

参政権は、上段の［選］が選挙権、下段の［被選］が被選挙権
○：付与　△：一部の人に付与、または一部地方で付与　×：付与せず

国立国会図書館の資料をもとに作成　朝日新聞2010年1月27日朝刊「外国人参政権　沸く議論」より

　左の表を見てほしい。外国籍の人が国会議員になったり、大統領になったりすることを認めている国はひとつもないが、地方参政権を認めている国は、けっこうあることがわかる。

　スウェーデンとデンマークでは3年以上、オランダでは5年以上その国に住めば、外国籍の人でも、地方選挙で投票したり立候補したりすることができる。外国籍の人が市会議員や町長になる可能性もあるわけだ。外国籍の人びとも、その地域で暮らす同じ「住民」としてまちづくりに参加することが、みんなにとってプラスになると考えられているんだね。

【＊1】　EU市民という要件……すべての外国籍の人びとに参政権が認められているわけではないが、EU加盟国の国籍をもっていれば、地方選についてはその国の国民と同様に、選挙権・被選挙権が与えられている。
【＊2】　英連邦とは、カナダ、オーストラリア、ニュージーランド、ジャマイカなど、英国と深いつながりをもつ国ぐにの連合体。それらの国の国籍をもつ人が英連邦市民。

19 見た目は同じだけど、国籍が違う

国籍が違うと人の見方が変わるって、どういうことなんだろう？

　中国、韓国・朝鮮、日本など東アジアの人たちは、肌や目や髪の色がほとんど変わらない。見た目では「日本人」か「外国人」か、わからないことが多い。それゆえに、日本で、日本人が気づかないような場面で、外国籍の人がとまどったり、困ったりすることがある。

　日本では外国籍の人に選挙権がないことは話したけれど、それ以外にも、日本国籍をもっていないとできないことがある。
　たとえば、一部の例外をのぞいて、国家公務員にはなれない。警察官にもなれない。ほとんどの自治体では、消防士になることも認められていない。日本人の生命や財産を守る仕事は、外国人にまかせるべきではないという考えからだ。
　でも、日本で生まれ育った外国籍の子どもが、純粋な気持ちから「消防士になりたい」という夢を抱いたとしたら、それはかなえさせてあげたい気もする。

　こうした扱いの違いに、納得のいく合理的な理由があればい

いけれど、なかには差別じゃないかと思うようなこともある。

　1970〜80年代、日本中で、国籍や民族による差別をなくそうという運動がさかんに行なわれた。

　よく知られているのは、ある在日韓国人の青年Ａさんの就職をめぐる事件だ。

　Ａさんは、ある会社の就職試験を受け、内定の通知を受けとったのだけれど、その後、会社はＡさんが韓国籍だということを知って、Ａさんの内定を取り消した。日本人なら採用するのに、韓国籍だというだけで、いったん決めた内定を取り消すのは差別じゃないかと裁判になったんだ。

　裁判所は、会社の行ないは不当な差別だとして、Ａさんの主張を認めた。Ａさんを支援した人たちは、日本の社会に存在する民族差別がひとつ、公に認められたと、裁判所の判決を歓迎した。

　そうした運動がきっかけとなって、地方公務員の「国籍条項」（日本国籍をもっていないと公務員になれないという決まり）などが見直されるようになり、少しずつ変わっていった。

　外国籍の人びとが国民健康保険や国民年金に加入できるようになったのも、そのころからだ。

　一方で、見た目が違わないことから、自分が外国人であることをあえて言わない人もいる。理由は人それぞれだけれど、「日本人」だと思われていれば、たとえば学校でいじめられたりしないとか、職場で差別されることもないとか、相手に対するめんどうな説明がいらないとか。

　在日韓国・朝鮮人のなかには、むかしから「通名」（日本人と

して生活するための名前)をもつ人が少なくない。金さんという人が、学校や職場では、金田さんや金本さんという日本人のような名前を使っていたりするケースだ。他のアジア諸国にルーツをもつ人たちのなかにも、日本名を名乗っている人がいる。

　ところが、なにかの拍子に「国籍」の壁が現れて、その人が外国人だとわかったとたんに、周りの人たちの見方や扱いが変わって、気まずい思いやイヤな思いをしたりすることがある。
　たとえば、学校の修学旅行で海外に行くような場合、「外国籍」の子は、「日本人」とはパスポートが違い、行き先によっては、その子だけが渡航先の国のビザを取らなければならなかったりする【＊】。クラスのみんなの前で先生がそんな話をして、それまでクラスメートのだれも知らなかった事実が明らかになる。「〇〇さんって、日本人じゃないんだ」と。

　日本で生まれ育っても、国籍が違うと不利な扱いを受ける。そして、日本人のふりをしないと生きづらい。そんな日本の社会って、どうなんだろう？

【＊】 ビザ（査証）は、外国に入国するさいに提示を求められる滞在許可証明のようなものだが、日本のパスポートを持っている場合、多くの国で、ビザの提示が免除されている。ところが、別の国籍だと必要になる場合がある。

ベトナムから来たTさん

学校ではとまどうことばかり。
でも、いちばんつらかったのは
「帰れ」といわれたことだった。

　ベトナム人女性のTさんは、1982年、10代のはじめに家族といっしょに日本に来た。

　Tさんが生まれたころ、ベトナムは南北に分かれて戦争をしていた。1975年、Tさんが3歳のときに戦争は終わったけれど、戦後、国の政治体制が変わり、Tさんの一家は政府から弾圧を受けるようになる。そのため、Tさんの両親は外国に移り住むことを決意し、ある日の夜、数十人の仲間たちといっしょに、小さな木造船で闇にまぎれて川を下り、命がけで国を脱出した。

　船が海に出て数日後、運よくオランダの貨物船に救助され、日本に来ることになった。

　日本に着いて、これでもう、命の危険はなくなったと確信したとき、お父さんはTさんを近くの公園に連れていって、こう言ったそうだ。

　「ほら、見てごらん。お父さんがきみに見せたかったのは、これなんだ。これが平和というものなんだよ」

　公園の花だんにはたくさんの花が咲き、小さな子ども連れの家族が遊びにきていた。

第3章　外国人と日本人と、きみとぼく

そしてTさんは、日本の学校に通うことになった。

初めて学校に行く日、Tさんは校門のところからずっと腕組みをして、学校のなかに入っていった。ベトナムでは目上の人に対して、腕組みをしておじぎをするのが礼儀だからだ。まだ日本語がしゃべれないので、「よろしくお願いします」という気持ちを自分の態度で先生に伝えようとしたんだ。

ところが、Tさんを見た先生は、その腕組みを見て「やめなさい」と言った。目上の人の前でだまって腕を組んでいるなんて、生意気で失礼な子だと思ったようだ。

日本の学校では、Tさんがとまどうようなことがたくさんあった。

家庭科の時間に「今日の朝ごはんは、なにを食べましたか」と聞かれて、「カップヌードル」と答え、クラスのみんなに笑われたこともあった。

ベトナムでは朝食のとき、フォーという麺類を食べることが多いのだが、Tさんの家では、ベトナムの麺が手に入らないときはカップ麺を食べていたんだ。

また、先生が家庭訪問に来ることになり、おいしいお茶を出したいと思ったTさんが、スーパーに行ってお茶を買ってきたことがあった。ところが、そのお茶をひと口飲んだ先生は、へんな顔をして飲むのをやめてしまった。

Tさんがレモンティーだと思って買ってきたその入れ物に入っていたのは、レモンの香りの入浴剤だったんだ。日本語が読めなかったので、容器の絵を見てレモンティーだと思ってしま

ったんだ。

　遠足のとき、お弁当を持ってきなさいと言われて、空っぽのお弁当箱を持っていって悲しい思いをしたり、弁当箱にカレーを入れていってびっくりされたり、笑われたりもした。

　また、風邪をひいたとき、ベトナムでは、血行をよくするためにコインで肌をこする習慣があるのだけれど、こすったあとがあざになっているのを見た先生が、Tさんが家で虐待を受けているとかんちがいして、大騒ぎになったこともあるらしい。

　しかし、Tさんにとってなによりつらかったのは、友だちとけんかしたときに、「帰れ。ベトナムに帰れ」と言われたことだった。

　ベトナムで暮らせないから、いま、ここにいるのに。

　帰りたくても帰れない国なのに。

その後、Tさんはおとなになってからも、「ベトナム人」であり、「難民」であるがゆえに、さまざまな偏見や差別を経験した。
　アパートを借りようとしたとき、大家さんに「ベトナム料理はにおいがきついから、やめてほしい」と言われたり、車を買ったときは、それまで親切にしてくれていた日本人の女性から「難民のくせにぜいたくだ」と言われたりしたそうだ。
　心ないことばに傷つきながら、Tさんはそのたびにそれを乗りこえなくてはならなかった。

　Tさんが日本に来てから30年以上たったけれど、むかしと比べて、日本の人びとの意識や社会の状況は変わっただろうか。

21 難民になるということ

戦争・災害・迫害から逃れ、
命がけで国を脱出した人たち。
かれらは日本にも来ている。

　「難民」ということばを聞いて、きみは、どんな情景を思いうかべるだろうか。

　食べ物がなくてお腹をすかせている人びと。雨が降ってどろどろになった地面とテントがわりのブルーシート。暗い表情のおとなと、不安におびえる幼い子どもたちだろうか。

　それとも、荷物を背負って歩く人びとの長い列だろうか。あるいは、海の上で黄色い救命胴衣を着てゴムボートに乗り、救助されるのを待っている人たちかもしれない。

　難民というのは、ひと言でいうと、身の危険を感じて、それまで住んでいた場所からほかの場所へ逃れた人のことだ【*1】。世界ではいま、1億人以上の人びとが故郷を追われて保護を求めている【*2】。そのほとんどは、きみと同じように学校に通い、友だちと遊び、家族といっしょに暮らしていた普通の人たちだ。

　アフガニスタン（640万人）、シリア（640万人）、南スーダン（230万人）など、激しい内戦が続いたり、独裁政権の下で国民

第3章　外国人と日本人と、きみとぼく　　81

が苦しめられたりしている国ぐにから、多くの難民が出ている。

　ここにいたら危ないと感じて国を脱出した人たちが、なんらかの方法で日本までたどりついて、難民申請の手続きをして、法務大臣が認めると、難民認定証明書が発行される。でも、それによって自動的に日本の国籍が与えられるわけではない。
　その人たちは「定住者」という在留資格で日本に住んでいる。「法務大臣が特別な理由を考慮し、一定の在留期間を指定して居住を認める者」という位置づけだ。

　日本はこれまで、約2万人の難民の人たちを受け入れてきた。（難民として認定された人のほかに、人道的配慮や補完的保護対象者として在留が認められた人をふくむ。）
　出身国で多いのは、ベトナム、ラオス、カンボジアで、合わせて約1万1000人。いわゆる「インドシナ難民」と呼ばれる人たちで、1980年代から90年代の前半にかけて多く日本に来た。ほかには、ミャンマー（ビルマ）、アフガニスタン、シリアなどから来た人たちがいる。
　「そんなにおおぜいの難民が日本に来ているなんて」と、きみはおどろくかもしれない。でも、ほかの国ぐにと比べたら、ずっと少ないんだ。

　イランには380万人、トルコには330万人、パキスタンには200万人、ウガンダには160万人もの難民が暮らしている。欧米諸国をみても、ドイツには260万人、フランスは66万人、スウェーデン24万人、英国45万人、アメリカ合衆国41万人、

カナダには17万人が住んでいる。(2023年発表データ。UNHCR:国連難民高等弁務官事務所)

　日本の難民の受け入れ人数は、ほかの国と比べて、とても少ない。なぜだろう？──日本は海に囲まれていて、歩いて来られないから？　シリアやアフガニスタンから日本は遠いから？
　たしかに、それもあるかもしれない。
　でも、インドシナ難民の場合をみても、日本は、10万人以上を受け入れたアメリカ合衆国、カナダ、オーストラリアなどの国ぐによりずっと近いのに、1万1000人しか受け入れていない。海や距離の問題だけではなさそうだ。
　「日本人は英語が苦手なので、日本語をしゃべれない外国人が日本に来ても、幸せになれない」という人もいる。
　本当にそうだろうか。それでいいのだろうか。
　命がけで国を出てきた人たち、助けを求めてやってきた人たちを、どうして日本は進んで受け入れようとしないんだろう？

　難民とは、どういう人たちなのか。日本の難民受け入れは、どうあるべきか。きみにもっと知ってほしいし、考えてほしい。

【*1】　難民条約(難民の地位に関する条約)の第一条は、難民を「人種・宗教・国籍もしくは特定の社会的手段の構成員であること又は政治的意見を理由に、迫害を受けるか、そのおそれがあるため、国外により、国籍国の保護を受けられない者又はそれを望まない者」と定義している。
【*2】　国境をこえて国外に逃れた「難民」、その他の国際保護を必要としている人が約4340万人、危険な状況にありながら国内にとどまっている「国内避難民」が約6830万人、国外に逃れて難民として認められるための手続きをしている「庇護希望者」が約690万人いる(UNHCR GLOBAL TRENDS 2023)。

日本の難民認定
——ほかの国と比べてみると

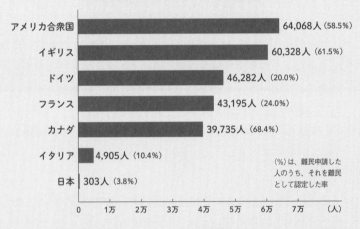

難民認定数の各国比較（2023年）

国	認定数	認定率
アメリカ合衆国	64,068人	(58.5%)
イギリス	60,328人	(61.5%)
ドイツ	46,282人	(20.0%)
フランス	43,195人	(24.0%)
カナダ	39,735人	(68.4%)
イタリア	4,905人	(10.4%)
日本	303人	(3.8%)

(%)は、難民申請した人のうち、それを難民として認定した率

出典：UNHCR Refugee Data Finder, 法務省発表資料（難民支援協会ウェブサイトより）

　上のグラフを見てほしい。それぞれの国が1年間に受け入れた難民の人数を表している。

　2023年に難民として認められた人の数は、アメリカ、イギリスで6万人以上。ドイツ、フランス、カナダでも約4万人かそれ以上。カナダとイギリスでは、難民申請をした人のうち6割以上が難民として認められている。

　一方、日本では303人だった（人道的配慮や補完的保護によっ

て受け入れられた人は1,007人)。

　日本で難民申請をして認められる人の割合は、ほかの国に比べてとても小さい。申請をしてもすぐに結果が出るわけではなく、平均3年かかる。日本の難民審査はとてもきびしい。

　法務省の難民調査官は、その人が本当に「難民」といえるかどうか、念入りに証拠を調べる。

　たとえば、「反政府デモに参加して、政府軍の兵士につかまって暴行を受け、家は焼かれてしまった」と言うと、その人が本当にデモに参加していたのか、いつ、どこで、どのように暴行を受けたのか、政府軍によって家を焼かれたというのは本当なのか、その「証拠」を見せろと言われる。

　しかし、そんな目にあって逃げてきた人たちは、証拠になるような写真や身分証明書を持っていないことも多い。逃げるとちゅう、身元がばれたら命が危ないと考えて、大事な写真や書類を捨ててしまったりするからだ。しかし、証拠がなければ難民とは認められず、自分の国に送り返されてしまう。

　また、難民申請をしても、すぐには公的な支援を受けられないし、働くことも認められない。そのため、十分なお金を持たずにきた人は、やむをえず、公園のような場所で寝泊まりすることもある。

　戦争のない平和な日本に逃げてきたはずなのに、なかなか安心して暮らせるようにはならないのが現実だ。

22 日本に暮らす外国人が「ワク」を感じるとき

だれだって、決めつけられるのはイヤだ。
きみにとっての「ワク」はなに？

　きみが日本人（日本籍）なら、「いつまで日本にいられるだろう」なんて、気にしたことはないと思う。
　でも、外国人（外国籍）の場合は、つねに滞在期間の決められた「在留資格」を気にしながら暮らさなければならない。
　どんな仕事につくことができるかも、「在留資格」の種類によって違いがある。

　たとえば、車の運転免許証には「〇年〇月〇日まで有効」とあって、「種類」という欄には、その人がどんな車を運転できるかが書かれている。「普通」（乗用車）とか、「大型二輪」（400cc以上のバイク）とか、「小型特殊」（フォークリフトなど）とか。在留資格は、ちょっとそれに似ているかもしれない。

　「永住者」や「特別永住者」という在留資格の場合は、日本に住むうえで期限に決まりはないけれど、それ以外の在留資格で日本に住んでいる人は、決められた期間内に更新手続きをして認められないと、日本にいられなくなる。

日本人と結婚した外国人の在留資格は、「日本人の配偶者等」となるのだけれど、その場合も、短いと１年、長くても５年に一度は更新手続きが必要だ。

　どんな仕事ができるかも、在留資格の種類によって細かく決められている。「報道」「医療」「教育」「留学」……などなど。
　たとえば、英会話学校の外国人の先生は、「教育」という在留資格で働いている。外国人の音楽家が「芸術」という在留資格をもっていれば、演奏活動をしてお金をもらうことができるけれど、「文化活動」という在留資格では、お金を受けとれない。「留学生」は週28時間までしかアルバイトができない。
　いろんな決まりがあるんだ。
　外国人は、そんな「制度のワク」のなかで暮らしている。

　そしてもうひとつ、「意識のワク」というものがある。

　テレビのニュースを見ていると、ときどき、「犯人はアジア系外国人とみられ……」なんて言い方を耳にすることがある。なんで、そんな言い方をするんだろう？　「外国人」だという確かな証拠があるわけじゃないのに。

　ひとは、見た目や思いこみでいろんなことを判断している。
　初めて会った人でも、見た目から「やさしそう」とか「コワそう」とか、感じることはあるよね。それはある意味、人間の（動物の？）本能みたいなものかもしれない。でも、場合によっては、「先入観」や「偏見」によって、ゆがんだ見方をしてい

第3章　外国人と日本人と、きみとぼく　　**87**

ることもあるんじゃないだろうか。

　日本に住む外国人は、見た目や思いこみで判断されて、おおいに迷惑(めいわく)しているかもしれない。「外国人だから、こんなことはできないだろう」とか「どうせ、わからないだろう」と決めつけられて、イヤな思いをすることもあるかもしれない。

　先入観や偏見はだれにだってあるけれど、そのことに気づき、なくしていかなければならない。

　マジョリティ（多数者）の意識が変わらないと、マイノリティ（少数者）は、いつまでも不利な、弱い立場におかれたままになってしまう。

　日本にいる外国籍(せき)の人たちは、社会の「制度」と人びとの「意識」という、2つの「ワク」のなかで、生きづらさを感じているんじゃないだろうか。

おわりに
きみはナニ人として生きていくか

　国籍って、なんだろう？　日本人って、なんだろう？
　きみは、どんなことを感じ、どう考えただろうか。
　この本を読んで、頭のなかがスッキリ整理されただろうか。それとも逆に、だんだんわからなくなってきたかな。

　人は国籍をもつことによって、いろいろな権利を保障され、国によって守られる。
　でも一方で、国籍が人を分け、理不尽な扱いを受けたり、子どもたちのいじめの原因になったりもする。「国籍なんて、なければいいのに」と思っている人もいるかもしれない。

　いまの日本では、学校の同じクラスに外国籍やハーフ（ダブル）の子がいることは、けっしてめずらしくない。この本を手にしているきみ自身がそうであっても、ぜんぜん不思議はない。

　「純ジャパ」ということばを聞いたことがあるかもしれない。「純粋なジャパニーズ（日本人）」の略で、少しまえから若い人

たちのあいだで言われるようになったことばだ。両親ともに日本人で、日本で生まれ、日本で育ち、日本の一般的(いっぱんてき)な学校に通って、日本語で暮らしてきた人のことを言っている。

　純ジャパなんていうことばが生まれるのも、裏を返せば、日本に外国人が多くなり、国際結婚(こくさいけっこん)も増えて、ハーフの人たちもめずらしい存在ではなくなってきたからだろう。

　むかしに比べて、日本人の境界線がわかりにくくなってきていることはたしかだ。日本人かどうかの判断基準は、「血（親や祖先）」なのか「国籍」なのか、「生まれた場所」なのか「育った場所」なのか、「見た目」なのか「言語」なのか……。
　そのすべてを備えていないと日本人とはいえない、という考え方は、もう通用しない。国境をこえてどんどん人が移動しているいまの時代に、それは無理だ。

　人は、ことばによって「カテゴリー（ワク）」をつくり、ものごとを整理して理解する。でも、世の中には、そんなカテゴリーにうまく当てはまらないものがたくさんある。
　だから、すべてのものがカテゴリーのどれかに当てはまるはずだと思いこんでいると、見逃(みのが)してしまうものがある。ものごとをしっかり理解するためには、自分が認識しているカテゴリーそのものを、いちど疑ってみることが大事だ。

　「〇〇人」という言い方も、一種のカテゴリーだ。
　自分以外のだれかを、単純に「〇〇人」のワクに入れて、そのイメージをもって、わかったような気になってはいないか。

その人を、ほかのだれとも違う、ひとりの生きた人間として見ることができているか。自分自身に問いかけてみよう。

　きみが出会う人たちを、一人ひとり違った個性をもつ魅力的な存在として感じることができれば、きみの人生はきっと豊かなものになるにちがいない。

　そして、自分自身はナニ人として生きるのかということも、しっかり考えてみよう。それはかならずしも、1つの国の名前のついた「〇〇人」ではないかもしれない。

おわりに　91

国籍のハテナ ○×クイズ

Q

1. 人はだれでも国籍をもっている。……………………[○・×]

2. 日本には、100万人以上の外国人が住んでいる（旅行者や一時的な滞在をのぞく）。……………[○・×]

3. 日本に住む外国人は、所得税や住民税を払う必要がない。………………………………………[○・×]

4. 日本語ができない人は、日本で車の運転免許を取ることができない。…………………………[○・×]

5. 外国人の子どもでも、日本で生まれたら、日本の国籍が与えられる。…………………………[○・×]

6. 国際結婚をするときは、夫婦どちらかの国籍を選ばなければならない。………………………[○・×]

7. 結婚したら、だれでも名字は夫婦同じにしなくてはいけない。日本人どうしの結婚でも、国際結婚でも。……………………………………[○・×]

8. 二重国籍の状態でいると、法律で罰せられる。……[○・×]

9. 日本に住んでいる外国人は、国や地方自治体の選挙で投票することができない。……………[○・×]

10. 外国人が日本に帰化するときは、日本人のような名前にしなければならない。………………[○・×]

答え

1 ✘ 「無国籍」の人もいる。→くわしくはp49〜

2 ◯ 法務省によれば、在留外国人の数は341万992人で、過去最多だという（2023年末）。

3 ✘ 納税の義務は日本人と変わらない。

4 ✘ 英語、中国語、ポルトガル語、ベトナム語などの外国語で試験を受けることも可能。

5 ✘ 日本は「血統主義」なので、日本で生まれただけでは国籍は与えられない。アメリカなど「出生地主義」の国ではそうではない。→くわしくはp24〜

6 ✘ 国籍が別べつのまま結婚できる。→くわしくはp38〜

7 ✘ 国際結婚の場合は、夫婦別べつの姓でもかまわない。日本人どうしの場合には、どちらか一方に決めなくてはならない。→くわしくはp38〜

8 ✘ 日本の場合、どちらかの国籍を選ばなければならないとされているが、罰則はない。また、海外では、二重国籍を認めている国がたくさんある。→くわしくはp26〜

9 ◯ 日本では選挙権が認められていない。諸外国では地方参政権が認められている場合がある。→くわしくはp69〜

10 ✘ 日本語で表記する必要はあるけれど、それまでと同じ名前でよい。でも、以前は「日本人らしい名前」にすることを求められた。→くわしくはp35〜

もっと知りたい、考えたい人に

こんな映画を見てみよう

「Hafu ハーフ」監督：西倉めぐみ・高木ララ

日本にルーツをもつ4人と1家族のドキュメンタリー。ガーナ人の母と日本人の父をもつデイビッド。オーストラリアで生まれ育ち、27歳のときに自分のルーツを探しに日本に来たソフィア。メキシコ人の妻と日本人の夫、その子どもたちの大井一家。ベネズエラ人と日本人の間に生まれたエド。日本に帰化した韓国人の父と日本人の母をもつ房江。それぞれの生き方から、国籍やルーツ、アイデンティティの複雑さ・難しさが見えてくる。

「最高の花婿(はなむこ)」監督：フィリップ・ドゥ・ショーヴロン

フランスのロワール地方に住む、敬虔(けいけん)なカトリック教徒の夫婦のなやみは、3人の娘たちの国際結婚。長女はアラブ人と、次女はユダヤ人と、三女は中国人と結婚。異なる文化や宗教をもつ彼らとのつきあいにとまどい、つかれていた。せめて末の四女だけはフランス人と結婚してほしいと願っていたが……。フランスで大ヒットしたコメディータッチの映画。多文化化が進むフランス社会の現実が映しだされている。

「パッチギ！」監督：井筒和幸

朝鮮学校に通う女子高校生、李慶子(リ・キョンジャ)にひとめぼれした日本人の高校生、松山康介。慶子の兄やその友人たちとも仲よくなるが、ある事件をきっかけに、在日朝鮮人と日本人のあいだに、目には見えない深い"河"が流れていることを思い知らされる。はたして、康介はその河をこえることができるのか。

こんな本を読んでみよう

『まんが クラスメイトは外国人── 多文化共生20の物語』
（「外国につながる子どもたちの物語」編集委員会編、みなみななみ絵、明石書店）

在日韓国・朝鮮人、日系ボリビア人、ベトナムやクルドの難民、フィリピンの移民など、「外国につながる子どもたち」がどのように日本に暮らし、どのような問題と直面しているのか、まんがをとおして考える。

『まんが アフリカ少年が日本で育った結果』（星野ルネ著、毎日新聞出版）

アフリカのカメルーンで生まれ、日本で育った、タレントで漫画家の星野ルネさん。彼が日常のなかで経験するいろいろな出来事が、「普通の日本人」にとっては笑えたり、驚かされたり、考えさせられたり。いろんな意味で面白いエピソードがたくさんつまった本。

『ハーフが美人なんて妄想(もうそう)ですから！』（サンドラ・ヘフェリン著、中公新書ラクレ）

著者はドイツで育ち、20代前半のときに日本に来た。小さいころからドイツ語と日本語の両方を使っていたので、ことばの面で苦労はなかったけれど、「ハーフ」に対する日本人の思いこみのおかげで、いろいろ困ったことが……。

木下理仁（きのした・よしひと）

青年海外協力隊（スリランカ）、かながわ国際交流財団職員、東京外国語大学ボランティア・コーディネーターなどをへて、現在は、かながわ開発教育センター（K-DEC）事務局長、東海大学国際学部非常勤講師、オンライン・ワークショップ「TAKOトーク」のコーディネーターとして活動中。趣味は落語。
著書に『チョコレートを食べたことがないカカオ農園の子どもにきみはチョコレートをあげるか？』（旬報社）、『難民の？（ハテナ）がわかる本』（太郎次郎社エディタス）、『SDGs時代の学びづくり──地域から世界とつながる開発教育』（明石書店、共著）などがある。

参考図書

『家族と国籍』奥田安弘 著、明石書店
『パスポート学』陳 天璽・大西広之・小森宏美・佐々木てる 編著、北海道大学出版会
『戸籍と国籍の近現代史』遠藤正敬 著、明石書店
『マルチ・エスニック・ジャパニーズ』駒井洋 監修、佐々木てる 編著、明石書店
『忘れられた人々 日本の「無国籍」者』陳 天璽 編、明石書店
『日本人をやめる方法』杉本良夫 著、ほんの木（のち、ちくま文庫）
『Part Asian, 100% Hapa』Kip Fulbeck 著、Chronicle Books
『在日朝鮮人ってどんなひと？』徐 京植 著、平凡社

国籍の？（ハテナ）がわかる本
日本人ってだれのこと？
外国人ってだれのこと？

2019年 4月10日　初版発行
2024年 9月20日　4版発行

著者…………木下理仁
イラスト……山中正大
デザイン……新藤岳史
発行所………株式会社太郎次郎社エディタス
　　　　　　東京都文京区本郷3-4-3-8F
　　　　　　〒113-0033
　　　　　　電話 03-3815-0605
　　　　　　FAX 03-3815-0698
　　　　　　http://www.tarojiro.co.jp

印刷・製本……シナノ書籍印刷

ISBN978-4-8118-0833-8　C0036
©Yoshihito KINOSHITA 2019, Printed in Japan

太郎次郎社エディタスの本

四六判・96ページ／各1000円＋税

難民の？（ハテナ）がわかる本

木下理仁 著　山中正大 絵

世界の難民・避難民は1億人超。いったいなぜ？　それは遠い国の出来事なんだろうか。日本にも難民はいる？　もし、キミとキミの家族が難民になったら？　そもそも難民って、なに？──身近な疑問から世界のリアルがわかる本。

ゲイのボクから伝えたい
「好き」の？（ハテナ）がわかる本
みんなが知らないLGBT

石川大我 著　山中正大 絵

「カラダの性」「ココロの性」「スキになる性」は、ひとそれぞれ。その組み合わせは、たーくさんある！　LGBTについて、当事者と周囲が知っておきたい基礎知識をまずはこの一冊で。頭のなかのゴチャゴチャ、整理します。

ほどよい距離でつきあえる
こじれないNOの伝え方

八巻香織 著　イワシタレイナ 絵

NOと言えない、断れない。それって性格のせいじゃない。親しいからこそ断りにくいとき、引き受けたいけど無理なとき、強引な誘いにあったとき。いろんな場面でNOを伝えるときの、基本のステップから悩ましいケースまで。